VENISE

(EXTRAIT D'UN CARNET DE VOYAGE)

PAR

Jules **LEMAIRE**.

MONTMÉDY

IMPRIMERIE DE PH. PIERROT.

1883

VENISE

Avril 1877.

...... Vers trois heures, nous touchons à Padoue, ancienne rivale de Venise, que ses dômes nombreux et ses coupoles blanches font ressembler à une cité orientale. Le soleil, du reste, se met assez de la partie pour compléter l'illusion.

Au-delà de Padoue, nous ne voyons plus qu'une plaine immense, uniforme, monotone, que troublent seuls des campaniles (1) blancs, droits comme des cheminées d'usines, tous du même modèle, carrés, terminés par une pyramide aiguë, et qui indiquent, probablement, des villages invisibles enfouis dans la verdure. On se croirait, sans cela, dans un pays inhabité.

Bien des kilomètres se passent ainsi ; rien à l'horizon, toujours la plaine à perte de vue. Un air vif et plus frais, annonce cependant le voisinage de la mer !

Alors, nous sommes assaillis par cette vague émotion que l'on ressent à l'approche de l'inconnu, au moment de toucher à un but où vous attire autre chose qu'une vaine curiosité.

---

(1) Clochers à jour.

Me fais-je bien comprendre ? Turin, Milan, Vérone et tant d'autres cités que nous avons vues, sont des villes comme toutes les villes, c'est-à-dire, composées de maisons formant des rues et des places et assises, soit dans une vallée, soit sur une hauteur.

Mais Venise ! cette ville extraordinaire, si singulièrement bâtie au milieu des eaux, avec des canaux pour rues et des bras de mer pour boulevards, ne ressemble à rien, et n'a nulle part sa pareille. Toutes les descriptions que l'on peut en lire, ne servent qu'à aiguiser plus encore la curiosité, sans rien soulever du voile mystérieux qui semble la recouvrir. On veut juger, on veut voir par soi-même, cette légendaire cité dont l'originale situation attire le touriste autant que les merveilles qu'elle renferme.

Aussi, conçoit-on facilement ce que l'on doit éprouver, quand, après avoir digéré plus de quatre cents lieues de chemin de fer, on peut se dire : dans un quart d'heure nous serons à Venise !

En outre, nous ne serions pas fâchés, non plus, de mettre fin au cahotement du wagon de *terza classe*, qui nous véhicule tant bien que mal depuis quatre heures du matin ; c'est donc avec une légitime impatience que nous désirons être arrivés au terme de notre course.

Enfin, au loin se montrent quelques plantations de pins laissant entre elles des espaces vagues, où un scintillement de bon augure trahit la présence de l'Adriatique !

Puis une de ces plantations, en s'écartant peu à peu comme une sorte d'écran, nous découvre une foule de campaniles et de dômes d'une blancheur mate, que le soleil éclaire vivement, et qui paraissent être en contre-bas du sol.

C'est Venise !...

Le train continue sa course parallèlement au rivage que l'on distingue mieux, à mesure que les arbres disparaissent.

Après *Mestre*, dernière station en terre ferme, nous

traversons une lande sablonneuse pour atteindre l'immense pont de pierre de quatre kilomètres, qui conduit dans Venise même.

Alors à une lieue du rivage se déploie, tout entier, le bizarre panorama de cette ville étrange, qui paraît nager sur la nappe brillante des lagunes.

Çà et là, quelques îlots disséminés à fleur d'eau, sans verdure, couverts de maisons et de monuments, servent de faubourgs à cette singulière cité, qui découpe la silhouette de ses édifices sur les vapeurs bleuâtres de l'Adriatique, et produit l'impression d'un mirage.

Nous roulons d'abord au-dessus d'un marécage coupé de flaques d'eau, qui cède ensuite la place aux flots limpides que la brise pousse contre les piles du pont et contre les milliers de piquets qui indiquent les endroits inaccessibles aux embarcations.

Pendant que l'on s'éloigne de la terre l'effet de mirage continue ; Venise paraît reculer au fond de son horizon liquide, et l'interminable pont du chemin de fer semble vouloir s'allonger à l'infini.

Le train s'arrête enfin sous la voûte de la *Stazione*, laquelle est d'assez grande mine, malgré la rareté du terrain, car, ici, ce qui fait défaut pour construire, c'est précisément ce qui ne manquait pas à Robinson dans son île : le sol !

La *Place de la Gare*, à Venise, est un trottoir de quelques mètres de largeur, bordant l'extrémité du Grand-Canal, et limité par des maisons tombant à pic sur l'eau.

Les personnes qui arrivent le soir, risqueraient fort de prendre un bain en voulant aller à la rencontre d'un omnibus ou d'un fiacre pour se faire conduire. Ces deux moyens de locomotion sont remplacés par des gondoles ou par de grandes barques à rames.

Une étroite passerelle en fer, jette son arche légère au-dessus du canal et mène, en face, à une ruelle qui s'engage dans l'intérieur de la ville.

Durant le trajet du débarcadère à la passerelle, nous sommes harcelés, mon camarade et moi, par un véritable essaim de coureurs d'hôtels, de domestiques de place, de gondoliers désœuvrés et de misérables de toutes nuances, dont la seule industrie consiste à guider les voyageurs confiants pour leur agripper quelques liards.

Ils sont tenaces et ont plusieurs langues à leur disposition ; Français, Allemands, Anglais, Espagnols, trouvent à qui parler. On ne sort de l'un que pour se cogner dans un autre ; le meilleur moyen de s'en dépêtrer est de s'enfuir à toutes jambes.

On se figure, généralement, que toutes les rues de Venise sont des canaux, et qu'il est impossible d'aller d'une maison à une autre sans gondole.

Nous savons qu'il n'en est pas tout à fait ainsi, et que l'on peut, au contraire, parcourir la ville et la traverser d'une extrémité à l'autre à pied sec. Mais cela demande une telle connaissance, une telle habitude de l'inextricable réseau de ses ruelles qui s'entrecroisent dans un enchevêtrement sans pareil, et sans issue pour la plupart, qu'il est toujours plus prudent de se servir d'une gondole, dont le tarif est très-modéré.

On évite ainsi une perte de temps et l'on ménage ses jarrets.

En voyage, il ne faut jamais perdre de vue ce sage proverbe anglais : *Times is money* — le temps c'est de l'argent !

Néanmoins, nous sommes assez téméraires pour oser entreprendre, à pied, le sac au dos, par une chaleur étouffante, le trajet de la Gare à la place Saint-Marc, n'ayant pour tout guide qu'un plan inexact et un groupe de piétons.

Nous voilà donc en route, suivant la contre-marche d'un petit canal.

Le groupe de piétons, naturellement, se disperse bientôt et nous laisse seuls, livrés à nos propres ressources. Pendant quelque temps tout va bien, nous croyons apercevoir au loin le campanile de Saint-Marc, notre point de repère ; mais, malheureusement, ce que nous prenons pour cet édifice n'est qu'une des innombrables flèches dont Venise est hérissée !... Ce qui, bien entendu, nous fait faire fausse route de la manière la plus complète et nous attire dans un dédale de ruelles d'un mètre de largeur, dont nous désespérons de pouvoir jamais sortir !

Ce que nous passons de ponts, ce que nous faisons de détours, de marches et de contre-marches est impossible à dire.

Parfois, une ruelle plus large, paraît nous fournir un débouché ; nous avançons, tout joyeux. Oh guignon ! cette « *calle* » aboutit à un canal, comme presque toutes les autres. Nous retournons alors en arrière en maudissant mille fois la toquade qui nous a poussés à entreprendre un tel voyage.

Un des moustiques de la Gare, une de ces figures patelines, comme on n'en rencontre que dans les villes italiennes, nous suit à distance pour jouir de notre embarras ; c'est avec le plus ineffable plaisir que, nous voyant haleter, harassés, de mauvaise humeur, il se montre à chaque carrefour et nous dit d'un air narquois :

« *San Marco, Signori, San Marco ?* »

Mais nous nous faisons un point d'honneur de refuser ses avances. Nous arriverons quand même, dussions-nous user nos semelles sur les pavés tantôt glissants, tantôt raboteux, de ces couloirs déserts, silencieux, qui paraissent étonnés du bruit de nos pas.

Nous sommes donc complètement désenchantés. Si c'est là ce que les poètes appellent: Venise la Belle ! c'est une véritable mystification. Nous n'avons encore rencontré que des maisons tristes et de pauvres églises perdues au milieu de vieux bâtiments gris, entassés les uns sur les autres.

Pour comble de malheur, nous traversons ainsi une ou deux « *Piazza* » irrégulières, encadrées de revêches bâtisses, qui semblent inhabitées, aux pieds desquelles se prélassent, au soleil, des bandes de misérables couverts de loques, des femmes surtout, coiffées de longues mantilles de laine par cette chaleur, qui se lèvent à notre approche et nous accablent de leurs lamentations. Elles choisissent vraiment bien le moment !...

Nous mourons de soif ; un empire, et la ville de Venise par dessus le marché, pour un verre d'eau fraîche !... Mais, pas plus d'albergo ni de café que de passage libre.

Une nature moins trempée que la nôtre, ne désespérerait-elle pas de la Providence ?

Enfin, Dieu soit loué !... nous gagnons une longue passerelle de fer qui franchit le Grand-Canal, non loin de la Place Saint-Marc, tant désirée.

Du haut de cette passerelle, un spectacle inattendu nous arrête court. Le *Grand-Canal*, spacieux, aéré, dans une débauche de lumière, prolonge sa courbe sinueuse entre deux lignes de palais mauresques qui trempent leurs murailles de marbre dans les eaux tranquilles où les noires gondoles glissent et s'entre-croisent en tous sens.

Nous regrettons, alors, d'avoir porté un jugement anticipé sur cette ville curieuse, que seulement nous commençons à entrevoir.

Pour achever de nous consoler, le véritable clocher de Saint-Marc, cette fois, se montre, à peu de distance, au-dessus des toits.

Quittant la passerelle, nous suivons, dans l'autre partie de la ville, des *calles* plus jolies et plus fréquentées ; on peut, au moins, se guider sur les promeneurs qui se rendent à la *Great-Attraction* de Venise : la Place Saint-Marc. Les mendiants qui pullulent encore, ont un abord moins repoussant ; les magasins se multiplient et des étalages de citrons, d'oranges et de fleurs, parfument ces étroites ruelles de cette odeur propre aux villes du Midi. On sent, enfin, que l'on pénètre dans le milieu vivant et civilisé de la Cité des Doges.

Comme, en ce moment, nous sommes rassurés sur notre sort, nous pouvons prendre le temps de nous rafraîchir. Nous entrons dans une *Ostéria*, sombre mais propre, où l'on nous sert, dans des vases de terre qui semblent provenir des fouilles de Pompéï, un vin velouté et généreux, qui nous remet promptement le cœur et nous raffermit sur nos jambes.

Deux pas plus loin, par une galerie couverte, nous débouchons enfin sur la Place Saint-Marc!...

Vraiment, la transition est un peu brusque; voir à brûle-pourpoint ce joyau de l'Italie au sortir des impasses délabrées que nous venons de parcourir, c'est à n'en pas croire ses yeux.

En face de nous, dans le fond de la place, l'originale église Saint-Marc, en marbres de différentes nuances, expose son portail byzantin surmonté de cinq coupoles qui donnent des airs de mosquée à ce monument auquel le campanile, à vingt pas de distance, peut faire office de minaret.

Les trois autres côtés de la place sont formés par de délicieuses constructions symétriques, en marbre blanc, reposant sur des arcades dont les portiques sont garnis de rideaux qui garantissent du soleil les riches magasins et les cafés qu'ils abritent.

Cette place, dallée de marbre gris, ornée de candelabres et de girandoles, est, en somme, un magnifique salon qui a pour plafond la voûte du ciel.

Parmi la foule des promeneurs, on distingue les uniformes bleus d'une musique d'infanterie, qui, malheureusement, a terminé son concert et se dispose à retourner à la caserne.

Si nous avions pu gagner quelques minutes sur notre trajet et voir ce charmant tableau aux sons d'une symphonie italienne, c'eût été féerique, nous nous serions certainement crus devant un décor d'opéra.

Un garçon de café nous indique l'*Hôtel Belle-Vue*, à côté de Saint-Marc, sur la place même, à trois pas de la Tour de l'Horloge, édifice en marbre blanc, aligné avec les maisons.

Arrivés à la porte de l'hôtel, après avoir eu, en chemin, l'occasion de refuser un établissement équivoque qu'un individu à moustaches cirées nous offrait avec insistance, — un *Monsieur* complaisant se pend au cordon de la sonnette et grimpe à l'escalier du vestibule pour annoncer notre arrivée et toucher sa rétribution.

Une fois dans notre chambre, nous attaquons notre lavabo avec bonheur, pour nóyer jusqu'aux dernières traces de notre abominable course; aussi, en redescendant les escaliers de l'hôtel, nous pouvons juger, rien que par la différence du ton avec lequel on nous salue au passage, que cette opération n'était pas inutile.

Il est vrai, qu'après une grande journée de chemin de fer, une figure estompée par la fumée des locomotives, une mise négligée et des vêtemenrs froissés, disposent fort peu les étrangers en faveur du voyageur harassé de fatigue. Rien ne ressemble à un malheureux comme un homme fatigué.

Renseignements pris à l'office, le diner à table d'hôte a lieu dans une heure. En attendant, nous allons jeter un premier coup d'œil sur la ville.

Ce qui surprend, en entrant dans Venise, c'est le silence profond qui règne partout. Ainsi, sur la Place Saint-Marc, une foule de curieux assiste au démontage que l'on fait, en ce moment, des trois mâts rouges, surmontés de petits lions ailés, enchassés dans trois piliers de bronze, et auxquels on arborait les étendards de la République dans les jours de réjouissance. Et bien, au milieu de tout ce monde, on n'entend pas plus de bruit que dans un cloître.

L'absence complète de voitures, cause fondamentale du tapage des grandes villes, y est pour beaucoup. On sait qu'à Venise, il n'existe pas d'autres chevaux que les quatre bucéphales de bronze qui piaffent au-dessus du portail de Saint-Marc ; et, encore, en ont-ils fait, jadis, une absence de quelques années, pour aller se percher sur l'Arc de Triomphe de la Place du Carrousel, aux Tuileries. A Venise, un de ces quadrupèdes en chair et en os, à part ceux qui peuvent figurer chez les *Duval* de la localité, serait un événement aussi considérable, que la présence d'un Doge à Paris, au temps de Louis XIV.

Cela tient peut-être aussi à ce que la plupart des insulaires chaussent, non pas le cothurne, mais la silencieuse savate, avec laquelle ils glissent sur les pavés toujours vierges de la moindre tache de boue ; les *Calles* de Venise sont des corridors à ciel ouvert et ses places sont aussi propres que les cours intérieures de nos maisons.

Maintenant, mettons un peu d'ordre dans notre inspection : débutons par le portail de Saint-Marc.

Sur la place, au ras du sol, s'ouvrent cinq porches profonds, inégaux, mais symétriques, dont les faisceaux de colonnettes, en marbres de couleurs, soutiennent cinq arceaux plein-cintres qui supportent une terrasse étroite où se reproduisent, en retrait, cinq autres ouvertures simulées, ornées de fresques et relevant leurs clefs de voûte vers le ciel, selon le style byzantin. Celle du centre seule, derrière les quatre chevaux, est fermée par un vitrail.

Cette superposition de cintres mauresques, est couronnée par une ligne de clochetons, de statues et de flèches dentelées que dominent cinq grandes coupoles lamées de plomb.

Ce curieux assemblage, marbré, doré, colorié, déchiqueté, comme une enluminure de livre d'heures du moyen-âge, forme le plus étrange monument que l'on puisse voir.

Demain, au grand jour, nous en visiterons l'intérieur. Passons aux *Procuraties*, ces gentilles arcades qui enveloppent la Place Saint-Marc d'une triple ligne de magasins rivalisant de luxe et d'élégance.

A chaque pas, c'est un éblouissement. On y admire, disposés avec art, de gracieux étalages de verroteries, spécialité vénitienne, et de merveilleuses mosaïques en pierres fines, de petits navires et de minuscules gondoles en verre effilé d'une ténuité extrême, jusque des cravates en fils de verre, dont on peut faire usage, etc.

Arrivés au bout de la troisième ligne d'arcades, au pied du campanile, nous traversons la Piazzetta, en face d'un côté latéral du Palais des Doges, pour gagner le quai des Esclavons, où sont deux antiques colonnes de marbre, dont une supporte le symbolique *lion ailé* de Saint-Marc.

Une flottille de gondoles stationne au quai ; c'est le point le plus fréquenté de la ville et le quartier-général des gondoliers sans pratiques, qui nous offrent leurs esquifs à qui mieux mieux. Cependant, nous sommes inflexibles ; ce sera pour demain.

La vue s'étend au loin sur la mer, entre la pointe du Jardin Public et les îles *San Giorgio* et de la *Giudecca*, qui s'allongent parallèlement à notre quai, à une distance d'un demi-kilomètre.

Enfin, ce n'est pas un rêve, nous voilà bien à Venise, foulant les dalles de cette célèbre Piazzetta, qui tant de fois a tenté le pinceau de l'artiste, excité la plume du romancier, ou inspiré la muse du poète ! Voici la façade altière du Palais des Doges, qui présente aux lagunes ses deux étages d'arceaux mauresques, ses larges fenêtres ogivales et ses murailles à reflets chatoyants.

Que de souvenirs se rattachent à ces blocs de marbre ; de combien de chants et de plaintes ils doivent conserver l'écho ! Près de l'église Saint-Marc, dans une sombre courtine, s'ouvre une porte basse, surchargée de sculptures. C'est par là, sous le Conseil des Dix, qu'on faisait entrer au Palais, les malheureux qui n'en devaient jamais sortir.

Le Palais des Doges, adossé à Saint-Marc, s'expose au dehors, sous trois côtés irréguliers. Le côté principal qui regarde la mer, et celui donnant sur la Piazzetta sont du même style. Ils se composent de deux galeries étagées qui soutiennent une haute muraille formée de losanges de marbre, percée de larges baies ogivales inégalement disposées et différentes entre elles, et fleurie par une délicate dentelure que vont rejoindre les grosses torsades des angles du monument et les guillochures de la loggia qui orne le portail.

Les arcs à peine brisés de la première galerie, sont trapus et solides; mais les arceaux de la galerie supérieure, chef-d'œuvre du genre mauresque, en colonnes serrées, avec cintres élancés entremêlés de rosaces et de fleurons, sont des merveilles de légéreté et d'élégance.

Le troisième côté du Palais, tombant à pic sur un canal — Rio del Palazzo — se fractionne en deux parties distinctes. Celle rapprochée de la mer, très-étroite, en briques pleines ; l'autre, beaucoup plus étendue, est en marbre blanc, trouée d'ouvertures nombreuses entourées de moulures et enjolivées de corniches admirables. C'est du second étage de cette dernière façade, que part le fameux *Pont des Soupirs*, aussi en marbre blanc, pour aboutir à la non moins fameuse *Prison des Plombs*, qui fait pendant au Palais, sur le canal, et aligne sur le quai des Esclavons, ses portiques de marbre et ses fortes grilles.

Tout est marbre ici : palais, prisons, hôtels, ponts et pavés !...

Accoudés à la balustrade du pont jeté à l'embouchure du Rio del Palazzo, nous admirons l'architecture si différente de ces deux édifices si tristement célèbres : le Palais et la Prison, la Puissance et la Cruauté, que séparent les eaux profondes du canal et que réunit cet élégant pont aérien, que tant d'infortunés ne franchirent qu'une seule fois !...

O République de Venise, que de sang, que de crimes souillent ces deux monuments qui résument ton histoire !

Ceci, pourtant, n'est pas une raison pour nous faire oublier la *table d'hôte*; il est bien près de six heures. Du reste, l'horloge de la Place Saint-Marc va nous le dire.

Cette horloge extraordinaire, encore une excentricité vénitienne, n'a point de cadran. Les heures sont indiquées par de gros chiffres romains qui se présentent successivement à deux ouvertures carrées, l'une pour les entiers, l'autre pour les fractions. Ces chiffres, noirs sur fond blanc le jour, sont lumineux la nuit.

Au sommet de la tour qui porte l'appareil, deux statues de bronze ont pour fonction de frapper sur une cloche, un nombre de coups de marteau égal à celui des heures à indiquer.

Poussés par la curiosité, nous attendons un instant, assis sur un des porches de Saint-Marc.

Soudain, un bruit sec se produit dans l'horloge: le marteau d'une des statues frappe la cloche qui rend un son grave et prolongé. Les chiffres descendent d'un degré et aux ouvertures on lit: VI 1/4.

Un moment après, nous faisons irruption dans la salle à manger de l'hôtel, où nombre de personnes nous ont devancés. Mais nous rattrapons le temps perdu, et, pendant que le soleil se couche derrière la Giudecca, en face de nos fenêtres, nous faisons connaissance avec nos voisins de table, un français et sa dame, — français *de la Meuse*, qui plus est ! — en train comme nous de visiter l'Italie. Ils en sont à leur quatrième mois de séjour dans la péninsule et les journaux de Paris arrivent tous les matins à Monsieur. Quoi de plus agréable que de passer ainsi son temps.

O fortune, ô richesses! vous ne faîtes pas le bonheur, dit-on, mais vous contribuez énormément à le procurer à vos enfants gâtés.

Après le dîner, nous allons prendre le moka dans un des cafés des *Procuraties*. Ces établissements sont de véritables bonbonnières, bas de travures, étroits, petits, capitonnés, adorables. L'un d'eux, à peine de la grandeur d'une chambre à coucher de garçon, a coûté plus de 30,000 francs d'ornementation : fresques, glaces, dorures et coussins ; c'est assez dire l'effet que peuvent faire ces délicieux réduits, le soir, à la lumière des gaz. Aussi, est-il expressément défendu d'y fumer.

Depuis que nous sommes ici, nous avons déjà pu remarquer, non sans surprise, que tous les négociants et cafetiers des Procuraties parlent correctement le français. Après tout, la plupart d'entre eux sont sans doute de nos compatriotes ; puis, Venise n'a pas passé plusieurs fois sous notre domination, depuis un siècle, sans en avoir conservé quelques traces.

En sortant de ces paradis illuminés, nous allons respirer l'air frais de la mer, devant la grille du jardin de la *Zecca*, et devant le Palais des Doges, qui profile dans la nuit sa masse sombre eu face des lagunes, unies comme une glace, où les gondoles, munies de lanternes, glissent en silence, sous le balancement régulier du rameur.

Tout est calme ; à peine entend-on quelques chants dans le lointain ou le murmure des vagues qui lèchent doucement les escaliers du trottoir. On se sent profondément ému par ce spectacle étrange qui compense au centuple les fatigues et les ennuis d'un long voyage.

Ces fanaux mobiles qui vont et viennent au loin ; ces gondoles sombres qui glissent au large ; ces mille lumières que reflète la surface polie des eaux sous un ciel noir, sans étoiles ; ces tons blafards des maisons et des édifices qui tranchent dans l'ombre et plongent dans les lagunes, l'image renversée de leurs murailles blanches, forment un tableau fantastique qui nous fascine longtemps.

Dans les jolies calles brillamment éclairées du nord de la Place Saint-Marc, nous sommes encore attirés par les sérénades qu'une troupe de guitaristes donne aux consommateurs des cafés. Mais, craignant de

nous égarer de nouveau, surtout la nuit, dans le laby-
rinthe vénitien, nous coupons court à une velléité de
promenade que cette musique avait fait naître, et
nous rentrons à l'hôtel, en fredonnant à mi-voix ce
passage d'Haydée :

> C'est la ville aux joyeux ébats,
> Chantez-y, mais n'y parlez pas...

.*.

A sept heures du matin, comme nous prenons
notre *Café con Laté*, sous la *Procuratie Vicchie* de
Saint-Marc, nous sommes tout-à-coup distraits par
une sautillante fanfare venant du côté de la mer.
Tournant la tète, nous voyons déboucher de la Piazzetta une colonne d'infanterie, en uniforme bleu-de-
ciel et schakos recouverts de coiffes blanches, qui
traverse ensuite toute la Place Saint-Marc au pas
accéléré.

Arrivée au fond de la place, la colonne s'arrète
pour rompre les rangs et laisser défiler les hommes,
un à un, par le passage couvert donnant accès aux
calles de ce côté.

Les fanfares d'infanterie italiennes sont beaucoup
plus musicales et plus... enlevantes que les marches
monotones et à l'*unisson* des clairons de nos lignards ;
leurs airs guillerets, avec accompagnements harmo-
nieux, entraînent les troupiers les moins disposés à
marcher. Le soldat italien, indolent de sa nature, a
besoin de ces stimulants refrains, dont nos pioupious
uerveux, du reste, peuvent quelquefois se passer.

Nous quittons notre café, pour aller visiter l'intérieur de Saint-Marc, en passant sur le corps à plusieurs des *descripteurs* qui font élection de domicile
sous les porches afin d'attraper les touristes au passage.

En entrant dans la nef, l'obscurité y paraît d'autant
plus profonde, que la lumière extérieure est très-vive ;

on commence donc par ne rien distinguer que du vague.

Peu à peu cependant, l'œil s'habitue à ce demi-jour, et des pilastres, soutenant de lourds arceaux mauresques ; des coupoles dorées, par lesquelles le jour pénètre à la mode turquè ; des vitraux peints, des autels enrichis de marbres orientaux et de bronzes divers, sortent graduellement de la pénombre. Tout se précise enfin, mais on croirait être bien plus dans une mosquée musulmane que dans un temple catholique.

Les murailles, les piliers et le sol, sont revêtus d'anciennes mosaïques fort curieuses ; on marche avec effroi sur des monstres ailés, sur des oiseaux gigantesques ou sur des fleurs fantaisistes. Malheureusement, la surface du carrelage est très inégale par suite d'affaissements partiels. Du reste, cette construction bysantine, que la vétusté commence à ravager, fut édifiée en l'an de grâce 977 !... Peu d'édifices datent leur acte de naissance d'une époque aussi vénérable.

De l'église patriarcale nous passons au campanile.

Une foule des plus disparates fourmille en ce moment sur la place. A côté de nombreux touristes en quête d'émotions, la lorgnette en sautoir, le *Conti* ou le *Joanne* à la main ; d'artistes assis devant leurs chevalets, en train de croquer Saint-Marc ou le Palais des Doges ; de certains indigènes assez bien mis, qui paraissent tout fiers d'être là chez eux ; on voit une nuée de misérables, crasseux, en habits rapés, chaussés pour la forme, qui suivent avec une ardeur fiévreuse les moindres mouvements des étrangers.

Faites-vous mine d'examiner un monument, aussitôt cinq ou six de ces Messieurs viennent spontanément vous en faire une description quelconque, et s'offrent à vous servir de cicerone : impossible d'être un instant à ses idées. A peine ose-t-on lever les yeux en l'air de peur de se voir assailli par ces serviteurs beaucoup trop empressés.

C'est au point que, arrivant à la porte du Campanile, un de ces parasites veut, à toute force, nous accompagner pour nous expliquer le panorama de la ville. Ce n'est qu'aux injonctions du gardien de la tour qu'il se décide à redescendre ; quelle plaie, grand Dieu !

Le campanile de Saint-Marc, construction des xme et xvime siècles, est une flèche d'environ 15 mètres de base sur quatre-vingt-dix-neuf de hauteur. Les deux tiers sont en briques ; la galerie supérieure et la pyramide qu'elle soutient, sont en marbre blanc, ainsi que la gracieuse *loggeta* qui occupe le bas de l'édifice, en face de la basilique.

On monte à la galerie à l'aide de rampes en pentes douces, se coupant à angle droit, aménagées à l'intérieur de la tour, entre un noyau central et la muraille extérieure, qui, de distance en distance, est percée de petites fenêtres. Cette disposition est bien moins fatigante que les escaliers ; en quelques minutes, nous atteignons la plate-forme, où, sortant de l'ombre, nous nous arrêtons complètement éblouis.

Un ardent soleil fait briller de mille feux les courtes vagues de la mer Adriatique et celles des lagunes qui s'étalent de tous côtés, autour de Venise, comme une immense inondation. Une bande de terre imperceptible, avec une trouée que garde le fort du Lido, sépare ces lagunes de la haute mer, où cinglent des vaisseaux à vapeur et à voiles.

Au nord, au-delà de quelques iles disséminées, couvertes d'édifices, on distingue, avec une forte lunette, à travers une brume légère, la côte autrichienne et les environs de Trieste. A l'ouest, apparaît le continent italien, rivage plat comme une lande à laquelle Venise se relie par l'immense pont de la *Strada Ferrata*, dont les 222 arches se présentent distinctement de biais.

Le Grand Canal avec ses palais, serpente à travers le pâté de toits rouges que forment les 80 iles agglomérées du corps principal de la ville, curieux entassement de constructions et de monuments de tous genres, de toutes époques et de tous styles. Des clochers, des campaniles, des coupoles, des flèches émergent en foule d'une pittoresque surface de toitures sombres qui reposent les yeux fatigués de la lumière éblouissante d'un soleil d'Italie.

A l'entrée du Grand Canal, en face de la Giudecca, s'avancent sur une pointe de terre, la *Dogana di Mare*, — Douane de la Mer, — puis, en seconde ligne, *Santa-Maria del Salute*, magnifique monument de marbre, couronné par une grande coupole blanche.

A l'opposite derrière le Jardin Public, — Venise a un Jardin Public ! — nous plongeons nos regards dans les bassins fermés, qu'entourent les massifs bâtiments de l'Arsenal.

Nous descendons de notre observatoire, pour examiner la cour intérieure du Palais des Doges, où nous entrons par la porte donnant sur le quai. Cette cour, qui reproduit à peu près le style extérieur de l'édifice : arcades et galeries, renferme deux citernes antiques à margelles de bronze, dans lesquelles des femmes puisent l'eau douce qu'elles vont distribuer en ville, en la portant sur leur tête, dans de grandes cruches de cuivre.

A droite, un escalier voûté descend au *Rio-del-Palazzo*, sous le Pont-des-Soupirs ; au fond de la cour, dans un angle, un escalier de marbre orné de statues — escalier des Géants, — conduit aux appartements du Palais, invisibles en ce moment à notre grand désespoir.

Nous allons donc errer quelque temps sur le quai des Esclavons pour savourer à bon marché des oranges énormes, et passer en revue les navires alignés jusqu'à la pointe du Jardin Public. Il y a là des vaisseaux autrichiens, italiens, et des balancelles turques avec leurs équipages, qui nous donnent l'occasion de voir, au naturel, ces fameux matelots des mers orientales, coiffés de fez rouges, très-peu vêtus d'ailleurs, mais possesseurs de moustaches splendides et de nez proéminents. Ces pauvres diables ne ressemblent en rien aux riches musulmans, somptueusement costumés, que l'on voit accroupis sur des banquettes coussinées des cafés de la Place Saint-Marc.

Retournant enfin à la Piazzetta, nous cédons aux instances des gondoliers, qui nous offrent de faire une promenade sur l'eau.

Le prix convenu, avec l'un d'eux, de parcourir tout le Grand Canal, aller et retour pour un franc cinquante centimes chacun ! nous nous installons commodément sur le divan d'une gondole à tenture, et, prenant le large, nous voilà, voguant sur les flots pacifiques des lagunes de Venise !

Bientôt, nous entrons dans le Grand Canal, en passant devant la *Salute* et sous la passerelle de l'Académie.

Notre rameur, debout à l'arrière, tout en se balançant comme un pendule sur sa pagaie, nous explique, tant bien que mal, dans un français impossible, ce qui lui paraît devoir attirer notre attention.

A chaque coup de rame, c'est un spectacle nouveau, car cette curieuse voie nautique et pittoresque s'il en fut, décrit un S gigantesque qui change de perspective à tout instant. Des deux côtés, s'alignent de charmantes constructions mauresques, en marbre teinté, qui suspendent au-dessus des eaux, leurs balcons festonnés, tandis que d'autres édifices d'un style plus occidental, profilent au loin leurs portiques de marbre dont les eaux du canal reproduisent la tremblottante image.

Devant chaque résidence, des gondoles, amarrées à des pieux bariolés de diverses couleurs, stationnent au bas d'escaliers qui descendent dans le flot, car il n'y a pas de trottoirs sur le Grand Canal.

On croise continuellement des gondoles à un ou deux rameurs, avec cabines fermées aux regards indiscrets ou avec baldaquins à rideaux, sous lesquels se pavanent d'heureux mortels de notre acabit. Ces sveltes embarcations étroites et effilées, dont la forme n'a pas varié depuis des siècles, présentent toutes à l'avant une sorte de fer tranchant avec dentelures. Les gondoles de grandes maisons sont conduites par deux rameurs coquettement attifés de vestons et de culottes courtes sur bas blancs, la tête couverte d'un petit chapeau de toile cirée crânement posté sur l'oreille, et les reins ceints d'une gracieuse écharpe rouge frangée d'or.

C'est vraiment là, étendus sur les moëlleux coussins d'une gondole doucement balancée par le mouvement de la rame, où les yeux, dans quelque direction qu'ils se tournent, ne rencontrent que des choses à admirer, que l'on peut s'écrier avec le poète :

Ah! que Venise est belle!...

Les palais Rezzonico, Foscari, qui reçut Henri III à son retour de Pologne, Giustiani, Pisani, Corneo, Spinelli, Bernardo, etc., tous fameux dans l'histoire de Venise, se présentent successivement, offrant le contraste de leurs styles divers, qui luttent de magnificence et de somptuosité.

Les murailles de ces édifices gothiques ou mauresques, sont revêtues de feuilles de marbre veinées, sciées toutes dans un même bloc, dont l'assemblage symétrique forme des dessins semblables à ceux de nos meubles plaqués. Ce genre est, d'ailleurs, tiré de l'Eglise Saint-Marc.

Quelques-uns de ces palais, qui appartiennent sans doute à la ville, renferment des collections artistiques, ainsi qu'il appert de l'inscription suivante, gravée sur une porte guillochée : « Objets de BEL ART » ! (sic).

Vers le milieu du trajet, nous passons sous le pont de Rialto, en pierre, d'une seule arche de 48 mètres d'ouverture, construit au XVIme siècle et qui porte un passage couvert garni de boutiques. C'était, autrefois, le seul point de communication sur le *Canale Grande*, entre les deux parties de la ville. Actuellement, il y

a en plus, la passerelle de la Gare et celle de l'Académie, jetées aux deux extrémités du canal.

Ici, le *boulevard aquatique*, tourne à gauche et se
continue en droite ligne sur une assez grande lon-
gueur. C'est dans cette seconde phase de notre promenade, que nous rencontrons, entre autres constructions curieuses, la *Ca-d'oro*, — maison d'or, — char-
mante bâtisse du XIVme siècle, toute dorée et enlu-
minée, et, ensuite, le palais plus moderne de Ven-
dramin Calergi, propriété du comte de Chambord.

Arrivés aux environs de la *Stazione*, après une
navigation de trois quarts d'heure, le gondolier nous
arrête devant une porte basse à fleur d'eau. C'est une
Filature de verre, qui attire beaucoup de visiteurs,
car plusieurs gondoles attendent au dehors.

Nous mettons aussi pied à terre pour jeter un coup
d'œil sur cette intéressante fabrication. Quand on n'a
jamais pu voir ce genre de travail, on se figure diffi-
cilement comment on peut arriver à manipuler à ce
point, cette substance, qui est la fragilité même.

Notre curiosité est bientôt satisfaite.; la manière de
filer le verre est d'une simplicité toute primitive et
n'exige pas grand appareil.

L'ouvrier expose à la flamme d'un chalumeau, un
petit bâton de verre duquel se détache, par la fusion,
un mince fil qui s'enroule avec vitesse sur un tambour
tournant à l'aide d'une pédale. Toute l'habileté de
l'ouvrier consiste à régler uniformément la rotation
de son *dévidoir*, car c'est de là que dépend la ténuité
et l'élasticité de ce fil. Le tambour une fois rempli,
on coupe la réunion de tous ces fils en écheveaux qui
présentent alors l'aspect d'une grosse mèche de che-
veux blancs, que l'on peut manipuler aussi facilement
que du chanvre. Des jeunes filles, en entremêlant les
couleurs variées de ces mèches, sont occupées à en
tresser, avec une volubilité extrême, de charmantes
corbeilles, des paniers, des baguiers, des *cravates*,
etc.. d'une solidité à toute épreuve.

Nous voyons également fabriquer des perles fausses,

des grains de bracelets, des pendants d'oreilles, des breloques et une infinité d'autres colifichets qui demandent, ceux-là, une grande adresse de la part de l'ouvrier.

Le chef de l'établissement, très-aimable, nous sert lui-même de cicerone. Après la visite des salles de travail, il nous fait passer dans deux pièces où sont exposés avec art, les divers produits de la maison. C'est un véritable musée ; jamais on ne pourrait s'imaginer les objets merveilleux que l'on peut obtenir avec du verre.

Après avoir fait quelques petites emplettes indispensables, nous regagnons notre gondole en passant sur un pont volant qu'un ouvrier nous dresse avec une planche à ce destinée. Encore une occasion de mettre la main au gousset. Oh ! celles-là ne manquent pas.

Sur la demande de notre gondolier, qui veut nous faire voir les « *petits canales,* » et pour varier notre promenade en faisant connaissance avec l'intérieur de la ville, une partie du retour s'effectue par les petits canaux qui raccourcissent le trajet en évitant l'immense circuit du *Canale Grande*.

Nous quittons ce dernier à quelques brasses du Pont-de-Rialto.

Ce voyage dans ces couloirs étroits, entrecoupés, a aussi son intérêt ; l'eau, à notre grand étonnement, y est d'une parfaite limpidité. Il y a donc, à travers toutes ces lagunes, un courant qui renouvelle l'eau et entraîne les immondices de la ville ?

A chaque carrefour, avant de tourner, les gondoliers, pour éviter un abordage avec d'autres gondoles qui peuvent venir en sens contraire, poussent ce cri : « *Staï, Staï* eh ! » et, lorsque cet appel demeure sans réponse, ils *doublent* avec rapidité les angles les plus aigus. Leur adresse à manœuvrer la gondole est surprenante ; ils n'accostent que très-rarement d'un bord ou d'un autre, quelqu'étroit que soit le passage encombré où ils filent à toute vitesse.

Au bout de vingt minutes, ce dédale de canaux se-condaires, bordés de maisons grises, décrépites, et couverts de nombreuses passerelles voûtées, nous amène dans le Rio-del-Palazzo, longeant le Palais des Doges, ce qui nous procure l'avantage de passer sous le Pont-des-Soupirs.

Un instant après, nous nous retrouvons à notre point de départ, quai des Esclavons.

Il est onze heures.

Laissant notre gondolier se confondre en remercî-ments pour une légère gratification que nous lui don-nons en récompense de ses services, nous rentrons à l'hôtel pour déjeûner en compagnie de notre couple français du dîner.

En sortant de table, sur les indications de nos deux compatriotes, nous nous dirigeons vers l'Académie des Beaux-Arts.

La Place Saint-Marc, que nous traversons, présente alors un curieux spectacle. Sur les pavés, sur les tables et sur les chaises installées devant les cafés, grouillent, sans s'inquiéter le moins du monde des promeneurs, plusieurs centaines de pigeons gris, qui, paraît-il, sont nourris aux frais de la ville dans je ne sais quel but.

A l'heure de midi, au son de la cloche, toutes ces charmantes petites bêtes s'abattent sur la place pour ramasser le grain qu'on leur jette chaque jour. Ils sont tellement habitués à la foule, qu'ils voltigent d'une table à l'autre, au milieu des consommateurs et mangent du blé jusque dans la main du premier venu qui leur en offre.

Nous nous aventurons donc de nouveau dans les *calles* pour gagner le musée en question. Après une ou deux fausses routes, c'est bien le moins qui puisse arriver, nous saisissons la bonne voie avec le *Campo San-Stefano* et une étroite calle qui aboutit, sur le Grand Canal, à la passerelle de l'Académie, que nous connaissons. C'est au bout de cette passerelle, sur un large trottoir, que s'élève la sombre *Academia di belle Arti*.

Coût de l'entrée : un franc.

De longs couloirs nus, mènent aux salles de peintures, qui renferment une riche collection de tableaux des meilleurs peintres de l'école vénitienne. On y compte environ sept cents toiles, parmi lesquelles : la magnifique *Assomption* du Titien ; le *Martyre de saint Marc*, du Tintoret; la *Vierge et Saint Dominique*, de Paul Véronèse, etc. On y voit aussi de curieuses salles du moyen-âge, lambrissées et dorées, et des galeries de sculptures, de dessins et d'œuvres diverses.

Cet intéressant musée écorne sérieusement le peu de temps qui nous reste à passer à Venise ; nous en sortons à deux heures et demie.

Nous rencontrons, sur la passerelle, nos troupiers du matin, revenant de l'exercice, l'un derrière l'autre, à l'instar des canards au sortir d'un étang. Nous les suivons, dans le même ordre de marche, pour ne pas nous égarer.

De retour à la Place Saint-Marc, les soldats reforment leurs rangs avant de disparaître derrière la Piazzetta au son d'une marche fanfaronne qui fait envoler les pigeons comme une nuée d'étourneaux.

A ce moment, la vitrine d'un changeur nous fait penser à nous défaire de notre monnaie française, car on bénéficie, sur l'or, contre des coupures italiennes, d'un change de 8 pour cent ; c'est énorme. Bien mieux, les billets de la Banque de France, papiers contre papiers, font prime de 7 pour cent ; c'est fabuleux. Dans les magasins, on donne ce taux également ; alors, si l'on n'est pas prévenu, il arrive, quand les achats sont peu importants, que, à l'ébahissement du client, on lui rend plus que la monnaie de sa pièce, tout en lui remettant ses emplettes !..., ce qui eut lieu hier, lorsque nous achetâmes des photographies de la ville.

D'où vient donc cette pénurie de monnaie qui règne dans les Etats de Victor-Emmanuel? Au-dessus du vulgaire décime de bronze, éclipse totale de numéraire; on ne voit que des chiffons. Nos poches sont remplies de billets de cinquante centimes, un franc, deux francs, etc., plus ou moins graisseux. Les porte-monnaie sont inutiles ; une pièce de *une lire* est un phénomène !

Ce qu'il y a de plus étonnant, c'est qu'en France la monnaie italienne est excessivement répandue : toutes les espèces sonnantes de la Péninsule y ont donc émigré ?

Mais, le temps presse : c'est le moment de songer aux préparatifs de départ.

Notre compte d'hôtel réglé, nous gagnons, sac au dos, le môle de la Piazzetta, où nous prenons une gondole pour aller au chemin de fer, car nous ne sommes pas du tout disposés à rééditer nos folles pérégrinations d'hier.

Nous suivons le Grand-Canal jusqu'au Palais Foscari, et, tournant l'angle de cet édifice nous prenons par les petits canaux. Notre gondolier, assez âgé, manœuvre cependant avec vigueur ; aussi, voyant que nous remarquons son adresse, il nous dit qu'il a « *beaucoup pratique* » c'est-à-dire une grande habitude. Il en faut, en effet, je le répète, pour, avec une seule rame, diriger une gondole aussi vite et avec autant de sûreté. Dans nos deux trajets, nous n'avons vu ni choc ni abordage.

Nous débarquons ainsi sur le quai de la *Stazione* ; et, à quatre heures, nous disons à Venise — à cette Venise, qui est bien la ville étrange que nous avions rêvée, — un adieu plein de regrets !...

FIN.

MONTMÉDY. — IMP. PIERROT.

9 782013 674294